Rosemarie Michel

Anregende und erholsame Sonnen-Momente für Pflegebedürftige

Auf spielerische Art der altersbedingten Lethargie entgehen

Rediroma-Verlag

Bibliografische Information der Deutschen Nationalbibliothek:
Die Deutsche Nationalbibliothek verzeichnet diese Publikation in der Deutschen Nationalbibliografie; detaillierte bibliografische Daten sind im Internet über http://portal.dnb.de abrufbar.

ISBN 978-3-96103-892-3

Umschlagillustration: Studio Barcelona (shutterstock.com)

www.rediroma-verlag.de
12,95 Euro (D)

Die Sonne
strahlt nur so lange,
wie sie die Herzen
der Menschen berührt

Indisches Sprichwort

Sommerfest im Seniorenheim
Juli 2019

Einige einführende Worte

Mein erstes Buch: „*Mir liegt's auf der Zunge*" war ein Versuch, die positiven Erfahrungen mit pflegbedürftigen und dementen Menschen weiterzugeben.
Allen, die damit umgehen, leben und arbeiten, wollte ich Mut machen. Es braucht gar nicht viel, ein paar Sonnenstrahlen in die Gesichter der uns anvertrauten Schützlinge zu zaubern.
Mit Liebe, Geduld und Humor gewinnt man fast jedes Herz.
Die große Zustimmung der Leser hat mich motiviert, weitere erprobte Ideen, die gut ankommen und Beifall finden, in dem nun vorliegenden zweiten Band anzubieten.
Auch wenn die Sonnen-Momente, wie das Wort schon sagt, manchmal nur von kurzer Dauer sind, es lohnt sich! Man bekommt es tausendfach zurück!
In meinem Poesiealbum fand ich ein schönes Zitat von Marie Calm:

Willst du glücklich sein im Leben
trage bei zu andrer Glück —
denn die Freude, die wir geben,
kehrt ins eigne Herz zurück.

Und das hat sich bewährt!

Inhalt

Was könnten das für Tiere sein?

Allen fehlt der 1. Buchstabe

(...öwe)

Eine leichte Übung zum Einstieg. Sie macht aber allen Spaß, und Erfolgserlebnisse steigern die Freude am Spiel.

Karten mit Tiernamen habe ich vorbereitet. Leider fehlt der erste Buchstabe.
Was kann das für ein Tier sein?

Nacheinander werden die Karten gezeigt, sodass es alle lesen können. Für die, die nicht mehr so gut sehen können, wird das „unvollkommene" Tier laut vorgelesen.

Zum Beispiel:

…aube = T

…und = H

…sel = E

…olf = W

…rosch = F

…atze = K

…ase = H

…loh = F

…eise = M

…abe = R

…otte = M

…öwe = L

…iesel = W

…urm = W

…espe = W

…iene = B

…ücke = M

…anze = W

…aus = M

…ffe = A

(? ... A)

Ganz schnell haben die Bewohner das verstanden und machen sehr eifrig mit.

Dieses Spiel kann man auch mit Blumen, Berufen, Städten oder Gegenständen durchführen.
Schwieriger ist es, wenn man keine spezielle Rubrik vorgibt.

Zum Beispiel:

…and = Wand, Sand, Band

…eife = S

…ammer = H

…ob = L

…issen = K

…ecke = D

…leid = K

Die fehlenden Buchstaben kann man auch später anlegen, wenn man sich die Mühe macht und sie vorher anfertigt.

(? .. ammer) = Hammer

Ein Lob für die gute Leistung der Mitspieler darf am Ende eines Ratespiels niemals fehlen.

Ein einfaches, aber anregendes Spiel ist das

2-Buchstaben-Spiel

Auf Karten schreibt man zwei Buchstaben.
Die Variationsmöglichkeiten sind da ganz groß.

<u>Hier eine kleine Auswahl</u>:

KA TU Li RA TR SA

MU HA FR GE WU RE

Die Karten liegen wieder verdeckt auf dem Tisch. (Immer für Spannung sorgen!)

Einer sucht sich eine Karte aus, dreht sie um und sagt, welche zwei Buchstaben zu sehen sind.
Jeder darf sich noch einmal von der Richtigkeit überzeugen.

SA ist zu sehen.

Nun versuchen wir gemeinsam Wörter zu finden, die mit diesen zwei Buchstaben beginnen.
Dabei ist es ganz egal, ob es Namen, Blumen, Tiere, Städte, Gegenstände sind oder es sonst ein bekannter Begriff ist.
Da kann sich jeder das herauspicken, wo er sich gut auskennt – und es kommt sehr schnell zu einer lebhaften Runde.

Das Spiel kann beginnen:

SA:
Sau, Samstag, Sabine
Sahne, Sachertorte, usw.

Wenn die Ideen erschöpft sind, kommt die nächste Karte dran.

KA:
Kamel, Kartoffel, Katze
Kaffee, Karlsruhe usw.

PA:
Papa, Papier, Papagei,
Paul, Paniermehl usw.

TR:
Treppe, Tränen, Traum,
Trude, Trost usw.

LI:
Liebe, Libelle, Lindau,
Licht, Lieselotte usw.

RA:
Ravensburg, Rabe, Ralf,
Radieschen, Radio usw.

MU:
Mutter, Mund, Muschel,
Murmeltier, Mut usw.

HA:
Hamburg, Hase, Haus,
Hans, Hand usw.

FR:
Freitag, Frosch, Friseur,
Freesien, Freiburg usw.

GE:
Geld, Geburtstag, Genf,
Gewissen, Gerda usw.

Wenn keinem was einfällt, kleine Hinweise geben, zum Beispiel:

TU:
Die Kapelle bläst manchmal einen?
Tusch

Oder: Die Zahnpasta ist in einer?
Tube

Oder:
Wenn ich Sport treibe, trage ich?
Turnschuhe

(Es kann auch passieren, dass einer Wanderschuhe sagt. Das stimmt natürlich auch!)

Der Spielleiter spürt, wenn die Aufmerksamkeit nachlässt. Dann mit einer kleinen Geschichte oder einem Lied die Stunde beenden.

Floriane (oder Florian) und der Streuner

Wenn die Bewohner sehr müde sind und keine Lust zum Reden haben, kann man mit einer kleinen Überraschung wieder für Stimmung sorgen.

Großen Erfolg hatte ich mit einen kleinen Sketch:
„Floriane und der Streuner"

Dazu braucht man nur zwei Handpuppen: einen Hund und eine männliche oder weibliche Puppe.

Nun eröffne ich das Spiel, indem ich mir die beiden Handpuppen überziehe und sprechen lasse.

Floriane tritt vergnügt auf und sieht einen kleinen Hund traurig in der Ecke sitzen.

Floriane:
„Oh, da sitzt ein kleiner Hund ganz alleine. Der sieht aber traurig aus. Ich werde mal zu ihm gehen.
Hey, du kleiner Hund, du machst ja ein Gesicht wie zehn Tage Regenwetter, obwohl heute so schön die Sonne scheint."

Hund: „Ach, ich bin traurig, weil ich so alleine bin und keiner mit mir spielt."

Floriane: „Sag mal, wo wohnst du denn?"

Hund: „Mal hier und mal dort."

Floriane: „Und wie heißt du?"

Hund: „Die Menschen nennen mich immer *Streuner*, aber der Name gefällt mir gar nicht. Wie heißt du denn?"

Floriane: „Ich heiße Floriane, aber alle nennen mich *Flo*."

Hund: „Oh, *Flo* ist ein schöner Name, das klingt so nach *froh*! Aber *Streuner* klingt gar nicht schön."

Flo: „*Streuner* ist auch kein echter Name. Das sagt man nur, wenn jemand kein Zuhause hat und wenig Freunde."

Hund: „Ich hätte so gerne auch einen schönen Namen, ein Zuhause und einen Freund."

Flo: „Das sind ja gleich drei Wünsche. Komm einmal her und lass dich anschauen. Du hast so ein struppiges Fell – da nenn ich dich einfach *Struppi*."

Hund: „Oh, das gefällt mir. *Struppi* und *Flo*, das macht mich so froh."

Flo: „Das hast du schön gesagt. Und wenn du willst, nehm ich dich mit, dann bekommst du ein Zuhause und ich werde dein Freund."

Hund: „Ach, Flo, ich könnte vor Freude singen:
Flo, Flo, Flo, der Struppi ist jetzt
froh. Struppi ist kein Streuner mehr,
kommt jetzt ganz beschwingt daher.

Flo: „Jetzt habe ich richtige Schmetterlinge im Bauch, wenn du so schön singst."

Hund: „Pfui, Schmetterlinge schmecken nicht, ich hätte lieber eine Wurst im Bauch!"

Flo: „Ich ess' doch keine Schmetterlinge."

Hund: „Aber wie kommen die denn in deinen Bauch?"

Flo: „Das sagt man so, das ist ein Gefühl, wenn man jemanden ganz lieb hat und beide Freunde werden.“

Hund: „Ich glaube, jetzt habe ich auch Schmetterlinge im Bauch.“
Flo: „Das ist gut! Komm, ich zeige dir dein neues Zuhause – und dann bleiben wir beide für immer zusammen. Singst du noch einmal das schöne Lied?“

Hund: „Flo, Flo, Flo, der Stuppi ist jetzt froh. Struppi ist kein Streuner mehr, kommt jetzt ganz vergnügt daher. Flo, Flo, Flo, der Struppi ist jetzt froh!“

Flo: „Jetzt sagen wir noch auf Wiedersehn – und dann geht‘s los!“

Beide: „Auf Wiedersehn!“

Das Sonnenspiel

Jede Beschäftigung, die wir den Bewohnern anbieten, sollte nicht nur sinnvoll sein, sondern auch Spaß machen.
Die unterschiedlichen Angebote müssen mit Spannung und Freude erwartet werden.
Versuchen Sie es einmal mit dem „Sonnenspiel“. Die Vorbereitungen lohnen sich, da man sie immer wieder benutzen kann. Dazu schneide ich aus gelber Pappe einen ca. 15 cm großen Kreis aus.

Auf der Rückseite steht das Wort „Sonne".

Separat habe ich mir ca. 15 Strahlen aus gelber Pappe ausgeschnitten, auf denen ein Wort steht, das man an Sonne anhängen kann.

Zum Beispiel:

Sonnen - Strahl
Brille
… - Creme
… - Schirm
… - Brand
… - Schein
… - Stich

… - Aufgang
… - Untergang
… - Wende
… - Uhr
… - Blume
…   - König
…   - Hut
…   - klar
usw.

Dann kann das Spiel beginnen.
Ich lege den gelben Kreis mit der Schrift nach unten auf den Tisch.
Alle sind gespannt.

Frage: „Was könnte das sein?“

Antworten: „Ein gelber Punkt, ein Ball, ein Kreis, eine Kugel“ (Alles richtig!)

Einer darf den gelben Kreis umdrehen.
Jetzt ist für alle das Wort **Sonne** zu sehen.

Frage: „Was fehlt der Sonne?“
Antwort: „Natürlich die Strahlen!“

Danach kommt der erste Strahl mit dem Wort **Strahl** an die Sonne:

Dann überlegen wir, welche Wörter es gibt, die mit „Sonne“ beginnen.

Mit etwas Hilfe kommt ganz schnell Bewegung ins Spiel.
Zum Beispiel:

Bevor man sich in die Sonne legt, schützt man seine Haut mit? … Sonnen-**Creme.**
Wenn man zu lange in der Sonne liegt, bekommt man einen? … Sonnen-**Brand**

Bleibe ich noch länger in der Hitze, kann es sein, dass ich einen? … Sonnen-**Stich** bekomme

Damit ich nicht in der prallen Sonne liege, brauche ich einen? … Sonnen-**Schirm**

In der Früh schaue ich aus dem Fenster und beobachte den? … Sonnen-**Aufgang**

Sie wächst auf dem Feld und in Gärten und ist sehr groß? … Die Sonnen-**Blume**

Damit konnte man früher die Zeit ablesen: … Die Sonnen-**Uhr**

Nach jedem erratenen Wort wird ein weiterer Strahl an die „Sonne" angelegt.
Mit großer Begeisterung beobachten die Mitspieler, wie die Sonne langsam mehr und mehr zu strahlen beginnt.

Sonnen-
strahlen
Sonnen-
brand
Sonnen-
stich
Sonnen-
schirm
Sonnen-
blüme
Sonnen-
Creme

Geld regiert die Welt

Alles dreht sich heute ums Geld:
Was verdiene ich? Was kostet das? Kann ich mir das leisten? Wie viel bleibt mir übrig? usw.

Frage: „Was haben die Menschen eigentlich gemacht, als es noch kein Geld gab?“

Antworten:
„Es wurde getauscht: Du gibst mir von deinen Hühnern Eier, dann bekommst du von meiner Kuh Milch.“

„Ich gebe dir meine schöne Kette, dafür möchte ich von dir ein Schwein haben.“

Man kann noch viele Beispiele erfinden.

Aber irgendwann war das mit dem Tauschen nicht mehr machbar – und da wurde das Geld erfunden. Jedes Land hatte seine eigene Währung.
Die Deutschen hatten nach dem Kriegsende die **DM**.

(Wir denken mal zurück.)

Was hatten die Österreicher? … **Schillinge**

… die Italiener? … **Lire**

… die Spanier? … **Peseten**

… die Griechen? … **Drachmen**

… die Franzosen? … **Franc**

die Schweizer? … **Franken**

die Holländer? … **Gulden**

usw.

Dadurch ergeben sich viele interessante Gespräche: Urlaubsreisen usw. Es wäre schön, wenn man noch ein paar alte Münzen der verschiedenen Währungen als Anschauungsmaterial hätte.

Und dann kam der **Euro**.
Auch darüber kann man so manches erzählen. Z.B. die Vor- und Nachteile: Welche Länder den Euro abgelehnt haben. usw.

Das Spiel mit dem Geld

Eine Handvoll Münzen lege ich auf den Tisch.

Auf meine Frage: „Was ist das?“, kam auch spontan die Antwort: „Kleingeld!“
„Was glauben Sie, warum ich das gemacht habe?“
„Sie haben im Lotto gewonnen.“
Alles lacht!
Jetzt zählen wir zusammen, wie viel Geld das ist. Manche Bewohner haben noch einen guten Bezug zum Geld und rechnen das ganz flink aus.
Es sind genau 10,50 Euro.
Eine Dame sagte zwar 10,50 DM, aber das nehmen wir nicht so streng. Viele leben noch in der alten Welt, und das akzeptiere ich.
„Was kann man sich für 10,50 Euro kaufen?“
Vorschläge:
„Ich schenke es meiner Enkelin.“
Einer willes sparen.
Ein anderer will mit dem Taxi nach Hause fahren. Ein besonderer Wunsch ist eine sprechende Uhr.

„Stellen Sie sich vor, Sie gewinnen im Lotto 100.000,- Euro. Was würden Sie damit anfangen?“
Eine 96-jährige Dame sagt spontan: „Ich bringe es auf die Bank, damit ich im Alter etwas habe!“
Viele nicken!
Ja, so sparsam sind unsere Senioren!

Redensarten über Geld

1. Geld regiert die Welt
2. Bei Geld hört die Freundschaft auf
3. Geld allein macht nicht glücklich
4. Ohne Moos nichts los
5. Wer den Pfennig nicht ehrt, ist des Talers nicht wert
6. Geld auf die hohe Kante legen

7. Auf Heller und Pfennig abrechen
8. Jemanden um sein Geld bringen
9. Das Geld zum Fenster rausschmeißen
10. Nicht für Geld und gute Worte
11. Im Geld schwimmen
12. Sein Geld im Schlaf verdienen
13. Sein Geld unter die Leute bringen
14. Bei dem ist der Groschen gefallen

usw.

Jede Redensart kann man gesondert auf Karten schreiben.
(Die Trennkarten in verschiedenen Farben eignen sich gut dazu.)
Möglichst groß und deutlich schreiben, sodass jeder es gut lesen kann.

Die Karten liegen wieder verdeckt auf dem Tisch. Das schafft immer Spannung und Interesse.

Einer sucht sich eine Karte aus, dreht sie um und darf laut vorlesen.

Gemeinsam überlegen wir, welche Bedeutung diese Redensart hat.

Es sind immer ganz interessante Gespräche, und man bekommt auch einen kleinen Einblick in die Gedanken der Bewohner. Oft haben sie eine ganz eigene Interpretation.

<u>Zum Beispiel</u>:

Was bedeutet das Sprichwort:
„Sein Geld zum Fenster rauswerfen?“

Ein älterer Herr meint:
„Meine Tochter hat so schöne Taschen, aber immer wieder will sie neue haben. Das ist doch nicht nötig!“
(Typisch Mann!)

Frage: Was meint man, wenn jemand sagt: „Der verdient sein Geld im Schlaf?“

Antwort: „Wahrscheinlich hat er geträumt, er hätte ganz viel Geld. Dann wird er wach und denkt: Träume sind Schäume.“

Oder: „Was kann es bedeuten, wenn bei jemandem der Groschen gefallen ist?“

Die Antwort einer aufgebrachten Dame: „Meiner Zimmernachbarin habe ich schon 1000x gesagt, sie soll nicht immer an meine Sachen gehen. Bei der fällt der Groschen nie!“

Dieses Spiel regt zum Nachdenken an, aber auch zum aktiven Reden. Eine stumme Gesellschaft ist für alle Beteiligten ermüdend.

Ein weiteres interessantes Spiel mit dem Thema Geld:

Geld hat viele Gesichter

(Weihnachtsgeld)

Wieder habe ich Karten vorbereitet, auf denen allerlei Geldarten stehen.

Zum Beispiel:
Taschengeld
Haushaltsgeld
Trinkgeld
Schmugeld
Falschgeld
Schwarzgeld
Bestechungsgeld
Weihnachtsgeld
Urlaubsgeld
Wechselgeld
Kleingeld
Bargeld
Spielgeld

Damit es übersichtlich bleibt, sucht man sich 5 oder 6 Karten heraus und legt sie verdeckt auf den Tisch. Das macht die Spieler neugierig und gespannt.

Wer Lust hat, darf eine Karte umdrehen und vorlesen:
Taschengeld

Für alle wird die Karte noch einmal gezeigt, denn was man gehört und gelesen hat, prägt sich besser ein.
Es ist erstaunlich, wie schnell eine lebhafte und interessante Unterhaltung zustande kommt.
Wo sich die Bewohner auskennen, darüber reden sie auch gerne.
Durch geschicktes Fragen fällt ihnen auch so manches ein:

„Wer bekommt Taschengeld?“
„Warum bekommt man Taschengeld?“
„Was haben sie mit dem Taschengeld gemacht?“

Da kommen ganz unterschiedliche Antworten:
- Der eine wollte sparen.
- Der andere hat es für Bärendreck ausgegeben.

Ein Dritter wollte unbedingt auf einer Mundharmonika sparen.
Einige kauften davon Geschenke für die Mutter.

u.v.m.

Viele Erinnerungen werden wach!

Die nächste Karte:

Trinkgeld

Da weiß man auch so einiges:

Müllmann, Kellner, Postbote
Frisör, Schornsteinfeger ....

Die Höhe ist auch unterschiedlich:
Von 50 Pfennig (Cent) bis 5,- DM (Euro).
Ja damals war es ja noch die gute alte DM.

Dann kommt die Karte:

Schmugeld

Das kennen alle Damen, wenn sie sich vom Haushaltsgeld etwas abgezwackt haben.

Es gibt viel Gesprächsstoff und es ist nicht langweilig.

Ein bisschen Spaß muss sein

Ob zu einem Geburtstag oder zu einem anderen Fest, etwas Lustiges kommt immer gut an.
Lachen ist gesund und trägt zur guten Stimmung bei.

Versuchen Sie es doch einmal mit diesem Spiel! :

„Der ungewöhnliche Fotograf"

Dazu habe ich aus einer Schachtel, einer Klorolle, einer Kordel bzw. Kette eine „Kamera" gebastelt (eine Polaroidkamera natürlich).
Eine kleine Taschenlampe dient als Scheinwerfer und Beleuchtung.

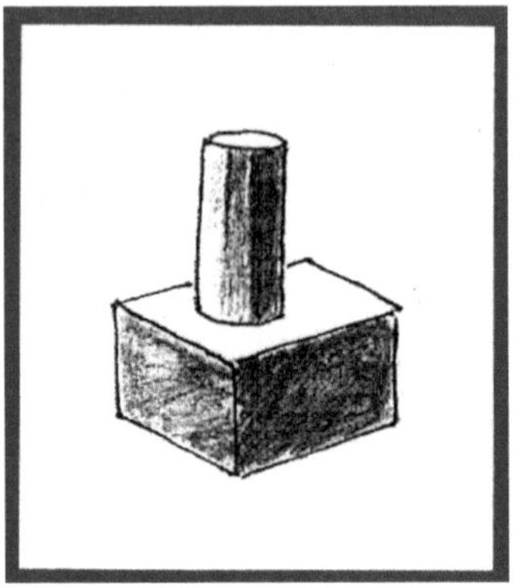

(Bastelanleitung)

In der Schachtel sind schon die perfekten Spaßbilder, die ich vorher gesammelt habe, versteckt. Hier eine kleine Auswahl (Vorschlag):

Wenn der Fotograf auch noch mit einer roten Clownnase auftritt, ist die ganze Vorstellung noch wirkungsvoller.

Das „Geburtstagskind“ darf zuerst vor die Linse. „Bitte lächeln!“

Noch etwas Licht mit der Taschenlampe auf das Model richten – Klick!, und schon ist das Foto fertig.
Jetzt überreichen Sie das „gelungene“ Bild dem „Geburtstagskind“. Alle warten gespannt und möchten es auch sehen.

Großes Gelächter!

„Wer möchte noch fotografiert werden?"

Natürlich melden sich einige.

Dieses Kamera-Spiel kann man wiederholen, solange der Bildvorrat reicht.
Es macht allen großen Spaß und bringt eine gelockerte und fröhliche Stimmung.

Was kann man Tieren „anhängen?“

Beginnen wir einmal mit den Katzen.
Gebräuchliche Aussprüche sind zum Beispiel:

Katzen - Jammer

Katzen - Sprung

Katzen - Wäsche

Daraus kann man ein interessantes, wenn auch nicht ganz leichtes Spiel entwickeln.

10 Tiere habe ich gesondert auf Karten geschrieben. Noch besser wäre es, ein Bild des jeweiligen Tieres zu haben.
Zu jedem Tier gibt es 3 „Anhängsel“.

Zum Beispiel:

Hunde - Leine
Hunde - Hütte
Hunde - Steuer

Pferde - Schwanz
Pferde - Apfel
Pferde - Stärke

Hühner - Auge
Hühner - Stall
Hühner - Ei

Bienen - Honig
Bienen - Korb
Bienen - Stich

Affen - Zahn
Affen - Theater
Affen - Liebe

Ziegen - Bart
Ziegen - Käse
Ziegen - Peter

Bären - Dreck
Bären - Kräfte
Bären - Hunger

Löwen - Zahn

Löwen - Mähne
Löwen - Maul

Schnecken - Tempo
Schnecken - Post
Schnecken - Haus

Das erste Tier muss erraten werden. Den Anfangsbuchstaben gebe ich vor.
Ist das richtige Tier genannt, lege ich das Bild oder die Karte mit dem Namen des Tieres auf den Tisch. Alle können es anschauen.

Oft entwickeln sich schon dann unterhaltsame Gespräche.
Wichtig ist, die Aufmerksamkeit und das Interesse zu wecken.

Jetzt liegt die Karte mit Hund auf dem Tisch.
Frage:
„Was kann man an ‚Hunde' alles anhängen?"

Nun kommen verschiedene Antworten:
Z.B. „Hunde-Blick" oder „Hunde-Körbchen".

Sobald eins der vorbereiteten Wörter genannt wird, drehe ich die Karte um und lege sie neben die 'Hunde', bis alle drei Begriffe gefunden werden.

Hunde - Leine
Hunde - Hütte
Hunde - Steuer

Gemeinsam wiederholen wir die drei Hundebegriffe, bevor alles vom Tisch entfernt wird.

Danach beginnt das gleiche Spiel mit dem nächsten Tier.
Je nach Aufmerksamkeit und Interesse kann man das mit vier oder auch mehreren Tieren durchführen.
Es sollte so lange gespielt werden, wie die Bewohner Spaß daran haben. Kein Stress!

Man kann später das ganze Spiel auch anders herum aufziehen. Es ist etwas schwieriger, aber mit kleinen Hinweisen durchaus machbar.

Ich lege die drei „Anhängsel" auf den Tisch:

… ? Jammer
… ? Wäsche
… ? Theater

Frage:

„Hat jemand eine Ahnung, zu welchem Tier diese drei Begriffe passen?"

Erst mal Schweigen und Nachdenken! Kleine Hinweise sind da sehr hilfreich.

Zum Beispiel:

„Wenn ich mir in der Früh nur schnell das Gesicht wasche, dann ist das eine ... ?"

Spontan rufen alle: „Katzen-Wäsche!"
(Es ist auch schon mal vorgekommen, dass einer sagte: „Schweinerei!")

Und schon hat man das richtige Tier gefunden. Passt es auch zu Jammer und Sprung? Es passt!

Alle sind stolz und glücklich, das richtige Tier zugeordnet zu haben.

Immer wieder den Erfolg loben! Das spornt ungemein an und verlängert die Aufmerksamkeit.

Welches Material darf es denn sein?

z.B. Wollmütze
Wollschal

Stein - Leder - Wolle - Metall
Porzellan - Glas - Gummi - Holz
Papier - Plastik

Auf dem Tisch liegen folgende Gegenstände:

Ein Stein - ein Geldbeutel - eine Mütze
ein Messer - eine Tasse - ein Glas
ein Ball - eine Zeitung - ein Kochlöffel
ein Schnabelbecher

(Mann kann natürlich auch andere Dinge nehmen.)

Frage in die Runde: „Fällt Ihnen hier etwas auf?“

Antwort „Da liegt lauter Zeug rum.“
(„Stimmt!“)

Frage: „Ist Ihnen sonst noch etwas aufgefallen?“

Antwort: „Lauter brauchbare Sachen."
(„Stimmt auch.")

Jetzt gehen wir jeden Gegenstand durch und schauen uns das Material an:

Der Stein ist aus Stein
Der Geldbeutel aus Leder
Die Mütze aus Wolle
Das Messer aus Metall
Die Tasse aus Porzellan
Das Glas aus Glas
Der Ball aus Gummi
Die Zeitung aus Papier
Der Kochlöffel aus Holz
Der Schnabelbecher aus Plastik

Das Material ist allen bekannt.
Danach suchen wir andere Gegenstände, die aus den verschiedenen Materialien hergestellt werden. Daran beteiligen sich auch wieder viele Mitspieler.

„Was wird aus Stein gemacht?"
Grabsteine, Treppen, Häuser, Straßen, Denkmäler usw.

Leder?
Taschen, Schuhe, Handschuhe, Gürtel, Kleider, Hosen usw.

Wolle?
Decken, Schals, Pullover, Strümpfe, Handschuhe usw.

Metall?
Kochtöpfe, Zäune, Besteck, Schüssel, Autos, Scheren, Hammer usw.

Es gibt auch Edelmetall:
Ketten, Ringe, Armbänder, Broschen
Porzellan?
Geschirr, Nippfiguren, Schüsseln, Blumenvasen, Waschbecken usw.

Glas?
Fenster, Spiegel, Weihnachtskugeln, Brillen, Türen usw.

Gummi?
Gummibärchen, Kaugummi, Haarbänder, Autoreifen usw.

Papier?
Bücher, Klopapier, Schreibpapier, Zeitungen, Taschentücher usw.

Holz?
Tische, Stühle, Betten, Schränke, Streichhölzer,
(Einer sagte: „Särge“)

Plastik?:
Schüsseln, Waschkörbe, Spielzeug, Plastiktüten, Gartenmöbel usw.

Es entwickeln sich immer interessante Erinnerungen.

Manchmal bleibt man an irgendeinen Gegenstand hängen, aus dem sich dann wieder ein neuer Gesprächsstoff ergibt.
Den sollte man auch immer aufgreifen.

Das Spiel mit der Luft

Es erstaunt mich immer wieder, dass aus einer stummen, abwartenden Gesellschaft eine fröhliche und lebhafte Runde werden kann. Oft sind es ganz einfache Themen, die zum Erfolg führen, wenn man sie interessant und spannend anbietet, wie z.B.

Das Spiel mit der Luft

Ich beginne mit einem Rätsel:

„Was ist das?"
… - Es kann dick, aber auch dünn sein.
… - Es gibt davon gute, aber auch schlechte.
… - Es kann sauber und auch schmutzig sein.

Spontane Antwort: „Die Menschen!"

„Ja, das könnte sein. Aber es geht nicht um Menschen, sondern um das, was Menschen ganz dringend brauchen."

Wieder spontan: „Etwas zu essen."
Ein anderer meinte: „Seife."

Jetzt muss ich helfen:
„Man kann es einatmen und wieder ausatmen."

Alles klar – es ist die Luft !

Gemeinsam überlegen wir, ob auch alles zutrifft, was ich über die Luft gesagt habe.

Frage: „Gibt es dicke Luft?"
Antwort: „Oh ja, wenn sich zwei streiten."

Frage: „Gibt es denn auch dünne Luft?"
Antwort: „Ich glaube auf der Zugspitze."

Frage: „Wo gibt es gute, wo schlechte, wo saubere und wo schmutzige Luft?"

Da können viele mitreden:

„Am Meer, im Wald, wenn die Fenster offen sind."
„Die schlechte und schmutzige Luft ist auf der Straße, auf der Toilette usw."

Nachdem alles gesagt worden ist, lege ich 10 Karten, nummeriert von 1 bis 10, auf den Tisch. Auf der unteren Seite stehen 10 bekannte Begriffe, die mit dem Wort **Luft** beginnen.

Neugierig schauen alle zu und sind gespannt, was das werden soll.

1. **Luft**pumpe
2. **Luft**ballon
3. **Luft**schloss
4. **Luft**schlange
5. **Luft**matratze
6. **Luft**masche
7. **Luft**post
8. **Luft**röhre
9. **Luft**druck
10. **Luft**ikus

Frage:
„Kennt jemand ein Wort, das mit **Luft** beginnt?"

Antwort einer Dame: „**Luft**schutzkeller"

Damit habe ich natürlich nicht gerechnet. Aber hier sitzen Menschen, die die Kriegszeit mitgemacht haben, und da kommen manchmal alte Erinnerungen auf. Nach kurzer Debatte lenke ich das Gespräch auf positivere Gedanken.

Die nächste Frage:
„Was ist bunt, man kann es aufblasen und es kann auch platzen. Kinder lieben es, und das gesuchte Wort fängt mit **Luft** an?"

Das weiß man: „**Luft**ballon!"

Nun drehe ich die Karte mit der Nr. 2 herum, und alle können sich überzeugen: Das war der Luftballon.

Wenn von den Mitspielern die Ideen ausbleiben, welche Wörter mit **Luft** beginnen, gebe ich natürlich Hilfestellung.

Zum Beispiel:
„Unter Nr. 4 ist ein Tier aus Papier, und wenn Fasching ist, gibt es ganz viele davon?"

Sobald das Wort „Luftschlange" fällt, drehe ich die Karte Nr. 4 mit der richtigen Antwort herum.

„Nr. 3 ist ein schönes Gebäude, in dem man nur in der Fantasie leben kann."
Luftschloss)

Nr. 1: „Wenn bei meinem Fahrrad der Reifendruck nicht mehr stimmt, dann benutze ich eine ...?
(**Luft**pumpe)
(Amüsant war die Antwort: „ein Taxi!")

Nr. 5: „ist eine Schlafgelegenheit für Menschen, die Camping machen."
(Luftmatratze)

Nr. 7: „Wenn mein Brief ganz schnell in Amerika ankommen soll, dann schicke ich ihn per ...?
(**Luft**post)

Nr. 10: „Das ist ein Mensch, der alles leicht nimmt und nicht ganz zuverlässig ist."
(**Luft**ikus)

Nr. 6: „Wenn man strickt oder häkelt, kann man das machen."
(**Luft**masche)

Nr. 9: „Das kann man mit einem Barometer messen und ist für den Wetterbericht wichtig."
(**Luft**druck)

Nr. 8: „Hier geht es um ein Körperteil. Damit kann man einatmen und ausatmen."
(Die **Luft**röhre)

Man kann die Nummern auch in der richtigen Reihenfolge nehmen. Ich lasse immer einen Mitspieler eine Zahl aussuchen; das macht das Spiel noch interessanter.

Meistens sind meine Mitspieler sehr stolz, alle Begriffe erraten zu haben, und man kann sie für ihre Leistung nicht genug loben.

Wenn noch genügend Aufmerksamkeit vorhanden ist, kann man die Karten noch einmal umdrehen, sodass nur die Zahlen zu sehen sind.

Ob ein paar Begriffe im Gedächtnis geblieben sind?

Gemeinsam schaffen wir das!

Wenn mein Brief ganz schnell in Amerika ankommen soll, dann schicke ich ihn per ...?

Eine Schlafgelegenheit für Menschen, die Camping machen ...?

Weinfest

Feste sind immer eine willkommene Abwechslung für unsere Bewohner.
Das bedeutet für die Betreuer gute Vorbereitung! Wir möchten etwas anbieten, was den Gästen Freude macht, sie anregt zum aktiven Mitmachen, keinen überfordert und eine fröhliche Stimmung verbreitet.
Hier habe ich ein paar erprobte Anregungen zum Thema
„Weinfest“ zusammengestellt. Man kann sie gut umsetzen, und die Resonanz war bisher äußerst positiv.

Singen macht Freude und trägt zur guten Laune bei.
Hilfreich wäre es auch, wenn einer die Lieder mit einem Instrument begleiten könnte.

Ein kleines Begrüßungslied auf die Melodie:

„Da droben auf dem Berge ..."

... wäre zum Beispiel eine schöne und aufheiternde Einleitung.
Den Text habe ich passend für unser Weinfest abgeändert.

Strophe 1:
Wir sind hier versammelt und feiern ein Fest,
gekommen sind lauter bezaubernde Gäst.
Holadihi und Holadijo!

2:
Die Sorgen, die lassen wir heute daheim,
wir wollen jetzt lustig und fröhlich sein ...

3:
Im Sommer gibt's Rosen,
im Herbst wächst der Wein,
wir dürfen uns alle an beidem erfreu'n ...

4:
Prosit und zum Wohl,
so ruft man sich zu -
der Wein geht ins Blut,
und das merkt man im Nu ...

5:

Ein Hoch auf die Liebe,
ein Hoch auf den Wein,
die Stimmung ist gut,
und das muss auch so sein ...

6:

Im Wein liegt die Wahrheit,

das ist ja bekannt —
drum nehmen wir alle
das Glas in die Hand ...

Es gibt viele Trinksprüche, bekannte und selber erfundene. Gut leserlich kann man sie auf bunten Karten schreiben.
Die Bewohner dürfen eine Karte ziehen und dann vorlesen.
Vielleicht gibt der eine oder andere einen Kommentar dazu ab. Das kann manchmal sehr lustig sein.

Hier einige Trinksprüche:

1. Alter Wein und junge Liebe,
ach, da sprießen neue Triebe.

2. Wer nicht liebt Wein, Weib und Gesang,
der bleibt ein Narr ein Leben lang.

3. Im Wein liegt Wahrheit

4. Alter Wein und junge Weiber
sind die besten Zeitvertreiber.

5. Ob weiß, ob rot, ob Gänsewein,
wir wollen heute fröhlich sein.

6. Beim ersten Glas wird man recht munter,
beim vierten kippt man schnell hinunter.

7. Stirbt einer jung, sagt man betroffen,
der Mensch hat sich zu tot gesoffen.
Stirbt aber einer von den Alten,

sagt man, der Wein hat ihn erhalten.

8. Trinkst du gern Wein,
sei auf der Hut –
denn allzu viel tut selten gut.

9. Verachte nicht ein gutes Tröpfchen
doch pass gut auf - –
es geht ins Köpfchen.

10. Wenn der Wein durch die Kehle rinnt -
dann wird man oft vor Liebe blind.

Fragen an meine Zuhörer:

„Wer trinkt gerne Wein?“
Viele melden sich.

„Wer versteht etwas vom Wein?“
Da ist man schon zurückhaltender.

„Gut, dann werden wir einmal gemeinsam
einen kleinen Test machen.
Ich habe hier 12 Fragen rund um den Wein.
Zusammen werden wir das meistern.“

Wichtig ist, dass die Fragen an alle Anwesenden
gerichtet werden.
Es sind immer einige darunter, die die richtige Antwort wissen. –
Keiner soll bloßgestellt werden!

12 Fragen und Antworten zum Thema **Wein**:

1. Was ist ein Heuriger?
Ein junger, weniger als ein Jahr alter Wein.

2. Was ist ein Eiswein?
Ein Wein aus reifen Trauben, die im gefrorenen Zustand geerntet und verarbeitet werden. Sie sind besonders süß und gehaltvoll.

3. Woher kommt der Tokajerwein?
Aus Ungarn.

4. Aus welchem Land stammt der geharzte Wein „Retsina?
Aus Griechenland.

5. Was ist ein Boxbeutel?
Eine bauchige, grüne Weinflasche speziell für Frankenweine.

6. Was trinkt man aus einer Flöte?
Sekt oder Champagner.

7. Was ist eine Schorle?
Ein Mischgetränk aus Wein und Saft oder Wein und Mineralwasser.

8. Was misst man in Öchslegrad?
Den Zuckergehalt und damit den Süßegrad von Traubenmost.

9. Was trinkt man aus einem Bembel?
Apfelwein

10. Wie viel Prozent Alkohol hat ein Wein ungefähr?
Ca. 12%

11. Wie heißt der Rückstand der ausgepressten Trauben? *Maische*

12. Was ist ein Römer?
Ein Weinglas

Bei einem guten Weinfest darf natürlich eine Weinkönigin oder ein Weinkönig nicht fehlen. (Chancengleichheit!)

Darum brauchen wir zwei mutige Damen oder Herren, die bereit sind, sich ein paar „Prüfungsfragen“ zu stellen.
Vielleicht kann man schon im Vorfeld zwei Bewohner aussuchen, die das Spiel sicher mitmachen würden.
Die Fragen sollen so leicht sein, dass keiner Angst haben muss, sie nicht beantworten zu können.
Die zwei Kandidaten dürfen sich auch Hilfe holen, falls sie sich nicht ganz sicher sind. Es gibt keine Verlierer! Wenn beide richtig antworten, gewinnen alle beide.

Eine selbstgebastelte Krone aus Weinblättern wird den Gewinnern aufgesetzt und mit einem großen Applaus gekürt für ihren Mut und ihr „großes Wissen“.

<u>Prüfungsfragen zum Weinfest</u>

1. Welcher Wein macht keine Kopfschmerzen?

Der Weißwein
Der Gänsewein X
Der Rotwein

2. Welchen Wein gibt es wirklich?

Kalter Po
Portugiesischer Hintern
Kröver Nacktarsch X

3. Welcher Begriff hat etwas mit Wein zu tun?

Der Geldbeutel
Der Bocksbeutel X
Der Einkaufsbeutel

4. Welcher Wein kommt nicht aus Deutschland?

Rheinwein
Moselwein
Tokajerwein X

5. Was schmeckt am besten zum Wein?

Vanilleeis
Marmeladensemmel
Käse X

6. Warum trinkt man gerne Wein?

Weil man Durst hat
Weil man danach gut schlafen kann
Weil es ein Genuss ist X

7. Welcher Begriff ist richtig?

Nasser Wein
Feuchter Wein
Trockener Wein X

8. Wie heißt das Sprichwort richtig?

Im Wein liegt Klarheit

Im Wein liegt Wahrheit X
Im Wein liegt Dummheit

9. Welche Bezeichnung kennt man vom Wein?

Schweinle
Esele
Öchsle X

10. Was ruft man sich zu, wenn man Wein trinkt?

Lass es dir gut schmecken
guten Appetit
Prost X

Die Freude in den Gesichtern der Bewohner lassen die Anstrengungen des Tages vergessen. Dankbare Menschen sind glückliche Menschen. Das macht unsere Arbeit so wertvoll und schön!

Ein interessanter und spannungsvoller Nachmittag geht zu Ende. Mit einem Lied verabschieden wir uns und wünschen allen eine gute Nacht.

„Muss i denn, muss i denn zum Städtele hinaus...“

Wir machen eine Reise

Auch wenn unsere Bewohner nicht mehr so große Reisen machen können, sind die Erinnerungen an schöne Zeiten mit den Ehepartnern doch noch sehr lebendig.

Wir wollen das einmal spielerisch als Thema anbieten:

Ein Tablett mit Buchstaben von A bis Z steht auf dem Tisch. Natürlich verdeckt.
Alle sind gespannt!

Nun eröffne ich das Spiel.

Der Reihe nach darf jeder eine Karte auswählen und mit dem gezogenen Buchstaben ein Reiseziel angeben – egal, ob In- oder Ausland. (Geld spielt da keine Rolle!)

Der Erste zieht ein M.

Frage:
Gibt es eine Stadt mit dem Anfangsbuchstaben M, wo Sie gerne hinfahren möchten?

Antwort:
„Nein, ich bleibe lieber hier in München, da gefällt es mir am besten."

Andere Mitspieler sehen das nicht so:
„Ich möchte mal wieder nach Mailand in die Scala oder auf die Insel Mainau, da war es sooo schön!"

Und schon sind wir in Urlaubsstimmung mit vielen interessanten Gesprächen.

Der Nächste zieht ein P.

„Ich fahre nach Paris, da haben wir unseren 25. Hochzeitstag verbracht, obwohl wir die Sprache nicht konnten. Das war sehr lustig! Wir haben uns mit Händen und Füßen verständigt."

Die Städte Passau, Petersburg, Pisa und noch andere wurden vorgeschlagen.

Das Tablett mit den Buchstaben macht die Runde, und es werden viele reizvolle Orte genannt, die Erinnerungen wachrufen.

So kann man das ganze Alphabet durchreisen.

Eine Reise, die ist lustig,
eine Reise, die ist schön,
ja, da kann man fremde Länder
und noch manches andre sehn.
Holla-hi, holla-ho ...

Dieses Reisespiel kommt immer wieder gut an.

Ein weiteres interessantes Reise-Spiel

Aus den vielen Wörtern, die mit Reise... beginnen, habe ich ein paar Begriffe herausgesucht und damit eine kleine Gedächtnisübung zusammengestellt. Auf gesonderten Karten stehen die Wörter in dieser Reihenfolge:

1. Zeit
2. Fieber
3. Büro
4. Ziel
5. Pass
6. Versicherung
7. Gepäck
8. Wetter
9. Proviant
10. Wecker
11. Bekanntschaft
12. Andenken
13. Bericht

Mit der Zahl nach oben liegen alle Karten auf dem Tisch. – Große Spannung!

Das Ziel ist es, dass sich die Teilnehmer all diese Begriffe merken können.
Das klingt sehr schwierig, aber mit einer kleinen Geschichte ist das machbar.

Zunächst die Frage in die Runde:
„Kennt jemand ein Wort, das mit Reise... beginnt?“

Natürlich weiß man das: Reisebus, Reisetasche usw.

Danach lese ich langsam all die 13 Reisebegriffe vor.
„Haben Sie sich alle gemerkt?“
„Nein!“
„Gut, dann werden wir das mal gemeinsam probieren.“

Nun beginnt meine Geschichte

1. Im Sommer ist die beste Reise?... (Zeit)

2. Viele Menschen bekommen da richtiges Reise?... (Fieber)

3. Also geht man in ein Reise?... (Büro)

4. Die Beraterin erkundigt sich nach unserem Reise?... (Ziel)

5. Danach fragt sie: Haben Sie einen gültigen Reise...? (Pass)

6. Wenn etwas verloren geht, schließen Sie am besten eine Reise?... (Versicherung) ab.

7. Für das gesamte Reise? ...(Gepäck)

8. Sie wünscht uns für die Fahrt sonniges Reise?... (Wetter)

9. Sollten Sie auf der Fahrt Hunger bekommen, denken Sie bitte an etwas Reise?... (Proviant)

10. Damit man keinen Ausflug verschläft, kaufen Sie sich am besten einen Reise?... (Wecker)

11. Im Urlaub machen Sie sicher auch viele nette Reise?...(Bekanntschaften)

12. Bevor es wieder nach Hause geht, kauft man sich zur Erinnerung noch ein paar Reise? ... (Andenken)

13. Wieder daheim, gibt es für die Verwandtschaft sicher einen interessanten Reise?... (Bericht)

Die Teilnehmer ergänzen fast immer das richtige Einsatzwort. Das davor stehende Wort Reise sage ich stets dazu.

Alle sind sehr stolz über die große Leistung; und gelobt werden sie für ihr aktives Mitmachen natürlich auch.

Es ist immer wieder eine Freude, die mir anvertrauten Menschen zu motivieren und ihnen einen kleinen „Sonnenstrahl“ ins Gesicht zu zaubern.

Wo man singt, da lass dich ruhig nieder ...

Es ist erstaunlich, was Musik und besonders das gemeinsame Singen in alten Menschen auslösen kann.

Ein besonders eindrucksvolles Beispiel habe ich bei einer Dame erlebt, die durch einen Schlaganfall sprachliche Schwierigkeiten hatte. Ihr Wortschatz beschränkte sich auf einen einzigen Satz.
Wie erstaunt und erfreut war ich, als diese Dame beim gemeinsamen Singen überhaupt keine Schwierigkeit hatte, alle Strophen mitzusingen.
Für sie selber ein Erfolgserlebnis, für mich ein Beweis, dass Singen nicht nur Freude macht, sondern auch besondere Fähigkeiten auslösen kann.

Ein Liederquiz zu:
„Wo man singt, da lass dich ruhig nieder"

Man kennt so viele Lieder: Volkslieder, Schlager,
Operetten u.v.m.

Versuchen Sie einmal, den Anfang eines Liedes zu erkennen, wenn man Ihnen die zweite oder dritte Zeile vorsingt.

<u>Hier ein paar Beispiele</u>:

1. *... und vergiss mich nicht, und vergiss mich nicht.*
Adieu mein kleiner Gardeoffizier

... und vom Himmel die bleiche Sichel des Mondes blinkt.
Wenn bei Capri die rote Sonne im Meer versinkt.

3. ... *ob du ein Mädel hast oder keins*
Auf der Reeperbahn nachts um halb eins

4. ... *das ist zu schön, um wahr zu sein.*
Das gibt's nur einmal, das kommt nie wieder ...

5. *auf die Dauer lieber Schatz ist mein Herz kein Ankerplatz*
Das ist die Liebe der Matrosen ...

6. ... *keine Angst, keine Angst, Rosmarie*
Das kann doch einen Seemann nicht erschüttern ...

7. *Ich hab ein viel zu schwaches Herz.*
Der Onkel Doktor hat gesagt, ich darf nicht küssen.

8. ... *wenn auch dein Mund mir wahre Liebe verspricht*
Du kannst nicht treu sein, nein, nein, das kannst du nicht.

9. ... *Am Abend sind die Damen doppelt so schön.*
Es ist so schön, am Abend bummeln zu geh'n.

10. *Wo die Möwen schreien schrill im Sturmgebraus ...*
Wo die Nordseewellen spülen an den Strand

11. ... *Ich fühl` zum ersten Mal, ich bin verliebt.*
Heut ist der schönste Tag in meinem Leben.

12. ... *denn das ist meine Welt und sonst gar nichts.*
Ich bin von Kopf bis Fuß auf Liebe eingestellt.

13. ... *ich hätt' nicht viel zu tun*
Ich wollt', ich wär' ein Huhn ...

14. *... in einer lauen Sommernacht*
Ich hab' mein Herz in Heidelberg verloren

15. *... in den 7. Himmel der Liebe*
Ich tanze mit dir in den Himmel hinein ...

16. *... weil ich so stürmisch und so leidenschaftlich bin.*
Ich breche die Herzen der stolzesten Frauen ...

17. *... und ruf` dir zu: Guten Morgen! ...*
Im weißen Rössl am Wolfgangsee

18. *... denn die Liebe im hellen Mondenscheine ...*
In der Nacht ist der Mensch nicht gern alleine

19. *... bau'n wir uns ein Nest*
Machen wir's den Schwalben nach ...

20. *... nur mit dir kann ich glücklich sein*
Liebling, mein Herz lässt dich grüßen

21. *... Sei ein wenig nett zu mir.*
Schenk mir doch ein kleines bisschen Liebe, Liebe ...

22. *... hab' dich zum Fressen gern*
Püppchen, du bist mein Augenstern ...

23. *... Gute Nacht, liebes Mädel, gute Nacht.*
Ich bin nur ein armer Wandergesell ...

24. *... auf den ich mich so freute.*

So ein Tag, so wunderschön wie heute

25. *... noch mal, noch mal für dich*
Man müsste noch mal 20 sein ...

26. *... was mal nicht zu ändern ist*
Glücklich ist, wer vergisst ...

27. *... sie sprach kein Wort, kein einziges Wort.*
In einer kleinen Konditorei ...

28. *... die hat ein Herz aus Paprika*
Die Julischka, die Julischka aus Buda-Budapest ...

29. *... Ich dutze alle Damen, nenn' sie beim Kosenamen.*
Heut' geh'n wir ins Maxim ...

30. *... Da ist der allerärmste Mann dem andern viel zu reich.*
Da streiten sich die Leut' herum ...

Dieses Spiel ist einfacher, als es klingt. Aber es macht den Bewohnern trotzdem großen Spaß.
Mit Volksliedern kann man es auch machen. Es ist vielleicht etwas leichter.

Die Wohnung der Tiere

Tiere sind immer wieder ein beliebtes Thema. Egal, ob wir über die Sprache oder die Eigenschaften reden, da kennen sich meine Mitspieler gut aus. Jeder kann mitreden.
Wichtig ist, zu Anfang eine spannende Atmosphäre aufzubauen und das Interesse zu wecken. Dann hat man schnell eine lebhafte Runde.

Betrachten wir einmal die Behausung einiger Tiere. So, wie wir Menschen verschieden wohnen, z.B. in Villen, Wohnwagen, Seniorenheimen oder anderen Gebäuden – so haben auch Tiere ganz spezielle Wohnungen.
Zur Vorbereitung habe ich zwölf Tiere auf Karten aufgeschrieben, sowie auf der Rückseite die dazu passenden zwölf Wohnungen.

Aber bevor es weitergeht, wollen wir zur Auflockerung und Einstimmung erst einmal ein kleines **Igel-Lied** anstimmen:

Der Igel ist ein stacheliges Tier
ganz rundherum.
Hat Stacheln dort und Stacheln hier
ganz rundherum.
Weshalb, das weiß er selber nicht -
er sticht nun mal, er sticht und sticht
ganz rundherum.

Die Igelfrau ist gerade so -
ganz rundherum.
Hat Stacheln dort und Stacheln hier -
ganz rundherum.
Sie spricht zu ihm, er spricht zu ihr:
„Gut zueinander passen wir,
ganz rundherum.“

1. Ameisen
2. Bienen
3. Füchse
4. Spinnen
5. Mäuse
6. Hunde
7. Schnecken
8. Eichhörnchen

9. Eulen
10. Adler
11. Vögel
12. Igel

Nun die dazugehörige Behausung:

1. Haufen
2. Stock
3. Bau
4. Netz
5. Loch
6. Hütte
7. Haus
8. Kobel
9. Baumhöhle
10. Horst
11. Nest
12. Gebüsch

Zunächst müssen die Tiere erraten werden.
Dafür gibt man den ersten Buchstaben vor.
Wenn dann alle Tierkarten auf dem Tisch liegen, gibt es viel Gesprächsstoff: Lieblingstiere, solche, die nicht so beliebt sind, welches der Tiere man gerne sein möchte, wenn man eins wäre. usw.

Danach werden wir jedem Tier die passende Behausung zuordnen.
Die Behausung des Eichhörnchens
= **Kobel**

Frage:

„Wo wohnt der Vogel zur Brutzeit?"
Im Nest
Das Nest legen wir zum Vogel.

„Wo wohnt die Schnecke?"
Im Schneckenhaus
(Antwort eines Mitspielers: „Bei uns im Garten.")
(Das stimmt natürlich auch.)

„Wo wohnt der Hund?"
(Schnelle Antwort eines Mitspielers:
„Bei mir im Bett!")
Ganz klar, da möchte er hin, aber
passender wäre die *Hundehütte.*

„Wissen Sie, wo das Eichhörnchen wohnt?"
Antwort: „Ja, im Baum."

Dass seine Wohnung *„Kobel"* heißt, war den meisten nicht bekannt. (So lernt man dazu.)

Wenn diese Rätsel- und Lernstunde erfolgreich geschafft und das Interesse noch vorhanden ist, kann man das Spiel auch anders herum aufziehen:
Nur die Karten mit den Behausungen liegen auf dem Tisch und die passenden Tiere werden da zugelegt.
Es ist erstaunlich, wie viel Spaß die Mitspieler trotz anfänglicher Kopfarbeit haben, und einige freuen sich auch, dass sie einiges dazulernen konnten.
Das macht natürlich auch den Spielleiter glücklich!

Die Behausung des Hundes:

= Hundehütte

Das Tastspiel

Sehr spannend und äußerst beliebt ist auch das folgende Spiel, das allen Beteiligten viel Freude bereitet.
In 10 kleine Säckchen habe ich einfache Gegenstände versteckt und sie nebeneinander auf den Tisch gelegt.
Alle schauen neugierig zu.
„Möchten Sie wissen, was da drin steckt?"
„Oh ja!"
Einer darf sich ein Säckchen aussuchen.
Man darf nur fühlen.
Hier einige Antworten:
„Das kenn' ich - Steine!?"
Das Säckchen macht die Runde:
„Bonbons?" - „Ach, das sind Zuckerstücke !"

Nachdem alle gefühlt und ihre Meinung geäußert haben, wird das Säckchen ganz langsam geöffnet. Die Spannung steigt.
„Hab ich doch gewusst, es sind Zuckerwürfel !"

Das nächste Säckchen wird befühlt.
Sehr schwer. – Was kann das nur sein?
Eine ehemalige Schneiderin ruft ganz erfreut: „Eine Garnrolle!"
Stimmt.

Sie klatscht vor Begeisterung in die Hände.

Das dritte Säckchen fühlt sich komisch an. Einer meint:
„Da kann man einen Schlüssel dran hängen."
Ich muss schmunzeln.
„Ja, könnte man, aber das tut man nicht."
Alle sind ratlos.
Nun lösen wir das Rätsel, und alle müssen lachen.
Ein Straps!!

So wird ein Säckchen nach dem anderen betastet.
Es kommen oft sehr komische und lustige Antworten, aber das macht das Spiel so interessant.

Wenn alle zehn Gegenstände offen auf dem Tisch liegen, versuchen wir gemeinsam, uns so viel wie möglich zu merken, denn dann decke ich alles mit einer Decke wieder zu.

Das ist ganz schön schwer – macht aber allen großen Spaß.

Was Hände verraten

Wer will fleißige Hände seh'n,
der muss zu uns Alten geh'n!

Einmal sagte eine Dame zu mir:
„Jetzt sind wir ein nutzloses Häufchen geworden.“ Das nahm ich zum Anlass, diesen alten, oft traurigen Menschen einmal ihre Wertigkeit vor Augen zu halten.
Im Vorfeld habe ich auf Karten alles aufgeschrieben, was Hände im Laufe des Lebens so alles geleistet haben.
Die Damenrunde forderte ich auf, mir einmal ihre Hände zu zeigen.
Sofort streckten sich mir viele von Arbeit geprägte Hände entgegen.

„Möchten Sie gerne wissen, was diese müden Hände erzählen?“
Natürlich will man das hören!

Nun kommen meine vorbereiteten Karten zum Einsatz:
Eine Karte nach der anderen lese ich erst vor, zeige sie allen und dann wird darüber gesprochen.

„Ihre Hände haben viele Jahre:

- geputzt - gewaschen - gebügelt - genäht
- geflickt - gestopft - gebohnert - gepackt
- gebacken - gekämmt - gebürstet - verbunden
- gestreichelt - getröstet - aufgeräumt - gespült –
- massiert - und, und, und.

Zu jeder Tätigkeit weiß man eine Menge zu erzählen und erinnert sich an viele der Aufzählungen:

Man hat anders geputzt, auf Knien gebohnert, Socken noch gestopft, Kleider selber genäht und vieles mit den Händen erledigt, was heute moderne Haushaltsgeräte übernehmen. Als das Gespräch aufs Bohnern kam, fing eine Dame zu lachen an und erzählte uns begeistert, wie sie sich als Kind immer auf den Bohnerbesen stellen durfte, damit der Druck größer war – und dann glänzte der Boden noch mehr!!

Zum Schluss sind alle selber erstaunt, was die Hände geschafft haben.

Das Thema beende ich mit der Frage:
„Darf man nach so vielen Jahren Arbeit und Mühe seine Hände in den Schoß legen?“
Ein eifriges Nicken!

Manchmal lasse ich die Bewohner ihre Hände malen.
Nur mit einem Stift die Konturen umrunden.

Wenn du nichts mehr zu erzählen hast,
dann schau auf deine Hände - –
und lass sie erzählen.

Elmar Schenkel

Unser Garten

Es gibt viele Themen, über die alte Menschen gerne reden, so auch das Gespräch über den Garten.

Dabei spielt es keine Rolle, ob es der eigene oder irgendein anderer ist.

Aus einer Gartenzeitschrift habe ich mir ein paar Bilder ausgeschnitten, auf denen wunderschöne Gärten zu sehen sind. Allein das Betrachten dieser Fotos versetzte meine Gruppe in eine angenehme Stimmung.

Dann erzählte ich den anwesenden Bewohnern etwas über meinen eigenen Garten, um ihnen Mut zu machen, auch von ihren Garten-Erlebnissen etwas preiszugeben.

Da ich früher einen Kindergarten besaß, war der dazugehörige Garten natürlich ganz speziell mit einem Klettergerüst, Schaukel, Sandkasten und einem kleinen Häuschen ausgestattet.

Da tauten auch meine Schützlinge auf, und es wurden viele Erinnerungen ausgetauscht, die sie mit dem Garten verbinden.

Und es waren sehr unterschiedliche. Unter anderem wurden Dinge genannt wie z.B. Unkraut, Blumen, Apfelbaum, Tomaten, Gartenzwerge, Eichhörnchen, Nachbar, Vögel, Rasenmäher, Regenwürmer, Gießkanne, Liegestuhl, Schnecken, Planschbecken, Katze, Salat, Wäscheleine, Federball u.v.m.

Jeder Begriff hat natürlich seine eigene Geschichte und Bedeutung.

Eine nette Begebenheit zum Thema „Garten“ kam von einer Dame, deren Mann eine Vorliebe für Gartenzwerge hatte.
Immer wieder kaufte er neue oder bekam welche geschenkt. Sie selber konnte die „Dinger“ überhaupt nicht leiden. Aber was erträgt man nicht alles aus Liebe!
Nur einen Zwerg, den mit der Schubkarre, den fand sie ganz nett, denn immer, wenn es geregnet hatte, war die Karre voll Wasser, und dann saßen da manchmal Vögel drauf und tranken daraus. Das sah so niedlich aus, dass sie täglich dafür sorgte, dass die Amseln und Meisen etwas zu trinken hatten. Im Winter hat sie die Schubkarre mit Vogelfutter gefüllt. So hatte auch sie ein wenig Freude am Hobby ihres Mannes.

Ein weiteres Erlebnis fand große Anteilnahme:
Eine Bewohnerin erzählte, dass ihre 6-jährige Enkelin eines Tages einen kleinen toten Vogel im Garten gefunden hatte. „Oma, der ist ganz klein und ganz tot. Können wir ihm im Garten ein Grab machen?“

Sie konnte natürlich nicht Nein sagen, und so hat sie gemeinsam mit der traurigen Enkelin die Meise im Garten beerdigt. Es kamen auch noch Gänseblümchen und ein Kreuz aus zwei Stöckchen auf das Grab.

„Oma, jetzt müssen wir noch beten!“ Und nach dem Vaterunser war klar: Jetzt ist die Meise im Vogelhimmel.
Alle in der Runde Versammelten waren beeindruckt und gerührt.

Mich macht es immer wieder glücklich, wenn aus einer anfänglich stummen Gesellschaft auf einmal ein lebhaftes, fröhliches und interessiertes Miteinander wird.

Lesen

als Unterhaltung und Wissensbildung

Die Interessen sind ja sehr unterschiedlich, daher versuche ich, den Bewohnern möglichst viele Themen schmackhaft zu machen.
Wie wär's denn mal mit Literatur?
Gelesen haben alle mehr oder weniger, und irgendetwas bleibt immer hängen. Und wenn man es interessant anbietet, bleibt der Erfolg nicht aus.

Zur Vorbereitung habe ich zehn bekannte Schriftsteller mit bekannten Werken auf gesonderte Karten geschrieben:

Zum Beispiel:

1. Wilhelm Busch: *Max und Moritz*
2. Brüder Grimm: *Frau Holle*
3. Erich Kästner: *Das fliegende Klassenzimmer*
4. Joh. W. v. Goethe: *Faust*
5. H. Chr. Andersen: *Die Prinzessin auf der Erbse*
6. Karl May: *Winnetou*

7. Fr. Schiller: *Die Glocke*
8. G. Grass: *Die Blechtrommel*
9. E. Hemingway: *Der alte Mann und das Meer*
10. Joh. M. Simmel: *Es muss nicht immer Kaviar sein*

Zunächst gehe ich alle Schriftsteller durch. In der Regel kennt jeder die Namen.
Wenn wir über alle Persönlichkeiten gesprochen haben, kommen die einzelnen Werke ins Spiel, die dann zugeordnet werden müssen.
Natürlich fange ich mit den leichtesten an:
„Weiß jemand, wer die Geschichte von *Max und Moritz* geschrieben hat?"
Das wissen doch alle: Wilhelm Busch

„Und von wem stammt das Märchen *Frau Holle*?"
„Von den Brüdern Grimm", kam es wie aus einem Munde.

„Und das Buch *Das fliegende Klassenzimmer*?"
Nach reichlicher Überlegung weiß man auch das: Erich Kästner.

„Das bekannte Werk *Faust*, von wem könnte das sein? War das Schiller oder Goethe?"
Man einigt sich auf Goethe.

Immer werden die Werke an die passenden Schriftsteller gelegt, so kann man alles auch schriftlich verfolgen.

„Kennen Sie das Märchen *Die Prinzessin auf der Erbse*? Waren das wieder die Brüder Grimm?"
Nein, dieses Märchen stammt von H. Ch. Andersen.

„Und wer hat *Winnetou* geschrieben?"
Da muss man nicht lange überlegen. Das war Karl May.

Jetzt kommt etwas Schweres. – Schweigen.
„Wer schrieb das Buch *Die Blechtrommel*?"
Keine Ahnung.
Da muss ich helfen. „Der Vorname ist Günter."
Promt kommt die Antwort: „Günter Jauch!"
„Ja, der könnte auch ein Buch schreiben, aber *Die Blechtrommel* ist von Günter Grass."
„Ach ja – stimmt !"
Man weiß es, aber so schnell fällt es ihnen nicht ein.

Schon wieder etwas Schweres, aber gemeinsam schaffen wir das.
„Es gibt ein Buch, das heißt: *Der alte Mann und das Meer*. Hat das jemand gelesen."
„Nein!"
„Aber wer es geschrieben hat, wissen Sie vielleicht."
„Nein!"
„Es war E. Hemingway."
„Habe ich doch gewusst!"
Ja, wenn dann der Name fällt, ist wieder alles klar.

Jetzt noch die letzte Karte: *Es muss nicht immer Kaviar sein*
Ein Schriftsteller ist noch frei.
„Ach ja, Simmel."

Die Köpfe rauchen, aber alle sind stolz, so viel gewusst zu haben. Auch dass manches wieder aufgefrischt wurde, gefällt ihnen.

Ich bin immer wieder erstaunt, wie viel Wissen noch in den Köpfen dieser Menschen steckt. Man muss nur die richtige Schublade öffnen.

Um am Schluss alles wieder zu entspannen, erzähle ich ihnen noch das Märchen von *Frau Holle*, denn der Inhalt ist den meisten nicht mehr so geläufig.
Gebannt und interessiert hören alle zu.

Frau Holle schüttelt ihre Betten aus
von den *Brüder Grimm*

Nach dieser spannenden Geschichte klatscht die kleine Seniorengruppe begeistert in die Hände.

So hat die etwas anstrengende Stunde doch noch ein fröhliches Ende gefunden.

Wir feiern den Frühling

Der kalte Winter ist vorbei!
Jetzt wollen wir den Frühling begrüßen und ihn mit allen Sinnen genießen.
Auf den Tischen sollte ein bunter Blumenstrauß stehen, damit die Augen und die Nase schon ein paar Frühlingsgefühle erhaschen können.

In der Vorbereitung habe ich Lieder und Redensarten, die von Blumen handeln, auf farbige Karten geschrieben.
Diese Karten liegen in einem Körbchen und sollen das Interesse wecken.
Wer Lust hat, darf eine Karte aus dem Körbchen nehmen und, wenn möglich, selber vorlesen (oder vorlesen lassen).
Damit die Sache spannend bleibt, singen wir zuerst ein Lied auf der Melodie *Da droben auf dem Berge ...*

Jede Strophe wird erst vorgelesen. (Sie sind kurz und gut zu merken.)
Die Melodie ist bekannt, deshalb stimmen alle gleich mit ein.
(Ein sehr beliebtes Lied !)

Strophe 1:
Der Winter nimmt Abschied,
das tut uns nicht weh,
vorbei ist die Kälte,
geschmolzen der Schnee.

Strophe 2:
Die Bäume und Sträucher,
die schlagen schon aus,
da treibt es die Buben
und Mädchen hinaus.

Strophe 3:
Im Haus und im Garten
da gibt's viel zu tun,
da dürfen die fleißigen Hände
nicht ruh'n.

Strophe 4:
Die Türen und Fenster
erstrahlen im Glanz,
und ist alles sauber,
dann geh'n wir zum Tanz.

Holla die hie
und holla die ho ....

Jetzt darf die 1. Karte gezogen werden:

„Sah ein Knab ein Röslein stehn ..."

Ganz klar, das wird gesungen.

Karte 2:
Sei wie das Veilchen im Moose
bescheiden, sittsam und rein –
und nicht wie die stolze Rose,
die immer bewundert will sein.

Das kennt man und spricht es auch mit!

Karte 3:
Schenkt man sich Rosen in Tirol,
weiß man, was das bedeuten soll ...

Schon singen alle weiter:
Man schenkt sich Rosen nicht allein,
man schenkt sich selber mit dabei.

Karte 4:
Wenn der weiße Flieder wieder blüht ...

Auch dieses Lied ist bekannt und wird gleich gesungen.

Karte 5:
Blau, blau, blau blüht der Enzian ...

„Ach ja, das hat doch Heino gesungen“, weiß jemand.
Genau, und jetzt singen wir das Lied.

Karte 6:
Rosen, Tulpen, Nelken,
alle Blumen welken,
nur die eine nicht,
die da heißt?

Wie aus einem Munde: „*Vergissmeinnicht !*“

Karte 7:
... *Was mein Mund nicht sagen kann,*
sagen Tulpen aus Amsterdam.

Spontan singen alle weiter.

Vielleicht fallen dem einen oder anderen noch weitere Lieder, Gedichte oder Redensarten ein, die von Blumen handeln.
Wenn ein Instrument zur Verfügung steht, hebt das natürlich die Stimmung.

Immer wieder kleine Verschnaufpausen einlegen. Es gibt sicher auch Kaffee und Kuchen.

„Weiß jemand, was *Blümchenkaffee* ist?"
Blümchenkaffee ist den Gästen natürlich ein bekannter Begriff.
Eine Dame meinte: „Früher war der Kaffee noch eine Kostbarkeit, da musste man sparen, und der Kaffee war so dünn, dass man die Blümchen in der Tasse sehen konnte."
Große Zustimmung! Heute ist der Kaffee stärker, darum sieht man keine Blümchen mehr.

Wie wär's denn mit einem kleinen Blumenrätsel?

Gibt es eine Blume, in der sich ein „Zahn" befindet?
(*Löwenzahn*)

Kennt jemand eine Blume mit einem „Ritter"?
(*Rittersporn*)

In welcher Blume steckt ein „Regen"?
(*Im Goldregen*)

Und ein „Mütterchen"?
(*Im Stiefmütterchen*)

Und ein „Hut"?
(*Im Fingerhut*)

Gibt es eine Blume, in der ein „Schuh" steckt"?
(*Frauenschuh*)

Welche Blume beginnt mit „Männer"?
(*Männertreu*)

Und welche endet mit „Kätzchen"?
(*Weidekätzchen*)

In welchen Blumen kommen „Glöckchen" vor?
(*Mai-* oder *Schneeglöckchen*)

Das Spiel macht den Bewohnern großen Spaß, auch wenn sie etwas nachdenken müssen.
Es war ein gelungener Nachmittag!

Mit dem Lied

„Ade zur guten Nacht,
jetzt wird der Schluss gemacht ....“

verabschieden wir uns – und gut gelaunt gehen die Bewohner wieder in ihre Zimmer.

Sommerlicher Tanzwettbewerb

Feste sind immer eine ganz besondere Abwechslung für unsere Bewohner und beliebte Höhepunkte im Jahresablauf. Das bedeutet aber auch gute Vorbereitung und viel Kreativität. Einen gelungenen Spaß für Alt und Jung an einem Sommerfest, der allen Beteiligten viel Freude gemacht hat, möchte ich gerne weitergeben.

Angekündigt wurden drei außergewöhnlich attraktive Tänzerinnen, die sich für diesen Wettbewerb zur Verfügung gestellt haben. Also mussten drei tanzfreudige Herren gefunden werden, die sich für diesen Auftritt vorbereiten konnten. Drei Kollegen wurden damit gelockt, dass das beste Tanzpaar ein Essen für zwei Personen gewinnen sollte. Das war Ansporn genug!

Natürlich hat keiner geahnt, dass die drei „Damen“ selbstgebastelte Puppen waren. Aus einem Besen, einem Teppichklopfer und einem Schmetterlingsnetz habe ich diese zauberhaften Damen hergestellt.

Es wurde fleißig trainiert.

Walzer, Rock`n Roll, Polka, Tango oder ein Schmuserer – alles war erlaubt.

Dann die große Überraschung:

Adele, Berta und Cora, so habe ich die „Damen“ genannt, wurden vorgestellt.

Großes Gelächter!

Aber da mussten die Herren nun durch. Jeder durfte sich eine „Dame“ aussuchen – und dann wurde getanzt.

Die drei Herren gaben ihr Bestes – zur Belustigung des Publikums.

Diese Tanzeinlage wurde von allen begrüßt und bewundert.

Der Applaus sollte den Sieger ermitteln. Da aber alle drei Paare so hervorragend waren, sollten auch alle den versprochenen Siegerpreis bekommen: ein Essen für zwei Personen!

Wie groß aber war das Erstaunen, als den drei Tänzern eine Tütensuppe für zwei Personen überreicht wurden.

Da keiner der Anwesenden dieses Vergnügen übel genommen hat, und alle ihren Spaß daran hatten, ist dieser Tanzwettbewerb zum Nachmachen bestens geeignet!

Früher war das anders ....

Erinnerungen an die Nachkriegszeit

Da sitzen 5 bis 10 Bewohner schweigend in der Runde und warten gespannt, ob etwas Interessantes angeboten wird – nach Möglichkeit, ohne sich selber zu beteiligen: nur zuhören und sich berieseln lassen. Das ist natürlich sehr bequem, aber nicht der Sinn der Sache.
Mein Bestreben ist immer wieder, aus einer stummen Gesellschaft ein fröhliches und harmonisches Miteinander zu schaffen.
Es geht ja nicht darum, Wissen abzufragen. Mir ist wichtig, dass sich Gespräche entwickeln und Erinnerungen wachgerufen werden, die man gemeinsam austauscht. Keiner soll Angst haben, sich blamieren zu müssen. Darum versuche ich, möglichst einfache Fragen zu stellen, die allgemeines Interesse finden, damit sich viele beteiligen können.

Manchmal springt man von einem Thema zum anderen, und das bringt Leben in die Runde.
Hier ein kleines Beispiel:

Frage:
„Können Sie sich noch an Ihre erste große Liebe erinnern?"

Nach kurzer Pause beginnt eine Dame:
„Oh ja, meine erste große Liebe war mein Mann, aber auch meine letzte. Wissen Sie, damals gab es nicht so viele Männer, die waren alle im Krieg. Ich hatte Glück gehabt, und wir haben schnell geheiratet.

Frage: „Und wie lange hat das Glück angehalten?"
„Über 50 Jahre!"
„Toll!"

Eine andere Bewohnerin erzählte:
„Meine erste große Liebe, der Emil, war ein Angeber. Er kam immer mit einem Fahrrad vorbei, das er sich mit seinen zwei Geschwistern teilen musste. Einmal hat er mich mitgenommen. Ich durfte vorne auf der Stange sitzen. Das war ein Erlebnis!“

Zwischenfrage:
„Und was haben Sie dann gemacht?“

„Wir sind an die ‘Drama‘ gefahren (ein Fluss in Schlesien) und haben dort gebadet.“

Wieder hatte ich eine Frage: „Gab es denn damals schon Badeanzüge?“

„Nein, natürlich nicht.“

Interessiert forsche ich weiter: „Und wie sind Sie dann ins Wasser gestiegen?“

„Ganz einfach. Wir Mädchen trugen Schürzen, die hinten geknöpft wurden. Mit einer Sicherheitsnadel habe ich die unten zusammengesteckt.“

Ja, so einfach war das damals!

Ich bewundere den Ideenreichtum und die Bescheidenheit dieser Generation.

Die Unterhaltung kommt in Schwung. Jeder hat irgendetwas zu erzählen.

Frage:
„Was haben Sie eigentlich am Abend gemacht? Es gab damals doch noch keinen Fernseher. Haben Sie sich ge langweilt?“

„Nein! Wir haben gestrickt: Socken, Schals und Stulpen für die Soldaten – oder gespielt: Mensch ärgere dich nicht, Mühle oder Mikado. Das waren sehr gemütliche Stunden.“

Eine Dame erzählte uns ein trauriges Erlebnis. Ihr Mann war im Krieg gefallen, sodass sie sich mit ihren drei Kindern allein durchs Leben bringen musste. Es gab wenig zu essen, deshalb ist sie nachts auf ein Kartoffelfeld gegangen, um für ihre Kinder ein paar zu sammeln. Das war natürlich verboten.
Als ihr kleiner Rucksack voll war und sie nach Hause schleichen wollte, stand plötzlich ein Soldat vor ihr und verlangte, dass sie alles wieder ausschütten sollte.

Die Runde war sichtlich empört und wollte wissen, wie es weiter ging.

„Ich habe mich versteckt und gewartet, bis die Luft rein war, und danach bin ich wieder aufs Feld gegangen. Meine Kinder lass ich doch nicht verhungern!“
Sie erzählte das ohne Groll – eigentlich voller Stolz.

Wie gut geht es uns doch! Wir haben alles im Überfluss und sind doch so oft unzufrieden.

Eine letzte Frage an meine Damen: „Möchten Sie noch einmal 20 sein?“

„**Nein!**“

„Und warum nicht?“

Eine meinte: „Einmal muss Schluss sein !“
Alle nickten

Trotzdem haben wir am Ende das Lied gesungen:

„Ich möchte noch mal 20 sein
und so verliebt wie damals.“

Eine interessante und fröhliche Stunde geht zu Ende.

Geflügelte Worte

(nicht so ernst genommen)

(Mauerblümchen)

Mir ist wichtig, dass aus einer anfänglich zurückhaltenden Runde ein fröhliches Miteinander wird.
Eine Frage an meine Herren:

„Was gehört alles in einen Werkzeugkasten?"

Da kennen sie sich aus und berichten gleich:
„Hammer, Nägel, Bohrer, Schraubenzieher usw."

„Ja, aber was halten Sie von einer **Nervensäge**?"

Alles lacht.

Auch meine Damen mischen sich ein:
„Gar nichts! Das ist einer, der ständig jemanden belästigt."

Schon erzählt man einige Erlebnisse.

Jetzt versuche ich es mal mit Möbelstücken:

Bett – Schrank –Tisch
Stühle – Lampen u.v.m.

„Dann sollte auch kein **Stubenhocker** fehlen, oder?“

„Das ist doch kein Möbelstück, das sind Menschen, die nur zu Hause hocken.“

(Stubenhocker)

Eine Dame meinte: „Wir sind alle Stubenhocker geworden - ist aber auch ganz schön, man wird so ängstlich."

Wir wechseln das Thema.

„Sie lieben doch Blumen. Welche gefallen Ihnen am besten?"

Rosen, Tulpen, Nelken, Maiglöckchen u.s.w.

„Und wer liebt denn die **Mauerblümchen**?"

Ein Herr sagt spontan: „Die bekommen von mir einen Korb. Das sind ganz langweilige Frauen."

Es wird gelacht und genickt!

„So, jetzt habe ich an die Hausfrauen eine Frage: Was gehört denn in ein Nähkästchen?"

Ganz klar: Schere, Fingerhut, Nadeln, Zwirn, Metermaß, Knöpfte und noch vieles mehr.

Ich stelle mich dumm und frage sie, ob darin auch **Seemannsgarn** zu finden ist?
Es entwickeln sich lustige Gespräche.
„Das sind doch nur Spinnereien!"

Es geht weiter mit Berufen: Bäcker, Frisör, Polizist, Schneider usw.

„Wollte jemand von Ihnen **Traumtänzer** werden?"

Natürlich nicht. „Das ist kein Beruf, sondern ein Mensch, der nur Flausen im Kopf hat."

(Traumtänzer)

„Haben Sie früher ein Haustier gehabt?"
Das ist ein beliebtes Thema bei den meisten der Anwesenden. Es wird erzählt von ihren Hunden, Katzen, Hasen und Vögeln. Da leuchten die Augen der Bewohner.

Nachdem so einige Erinnerungen ausgetauscht wurden, habe ich die Unterhaltung unterbrochen und gefragt:
„Glauben Sie, dass sich jemand einen **Hausdrachen** zulegt?"

Großes Gelächter!

„Nein!, wer will schon eine böse Frau im Haus haben?"

Dieses Spielchen macht ungeheueren Spaß.

Man kann das noch mit anderen Wörtern weiterführen.
Zum Beispiel:
Vatermörder – Versuchskaninchen –
Spaßvogel – Adamsapfel u.s.w.

Lachende Gesicher sind zufriedene Gesichter!
Manchmal darf es auch ein wenig Blödsinn sein. Das lockert die Stimmung meistens auf.

Das Spiel mit dem Wasser

Gespannt sitzt meine kleine Gruppe um den Tisch. Jeder hat ein leeres Glas vor sich. Eine Flasche Mineralwasser hole ich aus einer Tasche und stelle sie in die Mitte.
„Wissen Sie, was in der Flasche ist?“
„Natürlich, das gibt es doch jeden Tag 100x: Wasser!“
„Aber wie nennt man dieses Wasser?“
„Ist doch klar! Sprudel oder Mineralwasser.“

Jeder bekommt einen kleinen Schluck und kann sich überzeugen, dass es wirklich dieses Wasser ist.

Nun lege ich 11 vorbereitete Karten auf den Tisch, auf denen auf der Rückseite verschiedene Wasserarten stehen. – Die Neugier ist geweckt.

Ich erkläre den Mitspielern, dass sie diese Wasserarten erraten können, und gebe zu jeder eine Beschreibung mit. (Das sind nur Vorschläge)

Nacheinander darf immer ein Teilnehmer auf eine Karte tippen. Man kann die Karten auch nummerieren, dann nennt man eine Zahl.

Zum Beispiel:

Nr. 1:
Es kommt aus den Wolken auf die Erde und gibt den Pflanzen Nahrung.

Regenwasser

Nr. 2: Dieses Wasser gibt es in Kirchen und auch auf Friedhöfen.

Weihwasser / Taufwasser

Nr. 3: Hausfrauen brauchen dieses Wasser zum Bügeln mit Dampf.
(Da muss man überlegen, aber dann weiß es doch jemand.)

Destilliertes Wasser

Nr. 4: Wenn Wanderer in die Berge gehen, dann freuen sie sich, wenn sie dieses Wasser finden, denn es schmeckt köstlich erfrischend.

Quellwasser

Nr. 5: In einer großen Stadt ist dieses Wasser berühmt. Es riecht gut und hat die Zahl 4711.

Das kann nur *Kölnischwasser* sein.

Nr. 6: Zum Trinken ist dieses Wasser nicht geeignet, denn damit habe ich meine Wohnung gereinigt.

(Da kennen sich meine Hausfrauen aus):
Putzwasser

Nr. 7: Was könnte das sein? Ich grabe in meinem Garten ein tiefes Loch - und stoße auf ...? Lachend ruft einer: „Auf Öl!!“
Ja, das wäre eine Sensation, aber es war nur ...?

Grundwasser

Da mussten auch die anderen lachen.

Nr. 8: Manchmal, wenn die heiße Sonne auf schneebedeckte Berge scheint, dann fließt dieses Wasser ins Tal oder in Flüsse.
Wie bezeichnet man dieses Wasser?

Das richtige Wort fällt ihnen nicht so schnell ein, aber es liegt auf der Zunge.
Ich helfe natürlich: *Das Schmelzwasser*

„Ach ja, habe ich doch gewusst.“

Nr. 9 : Die Nordsee hat dieses Wasser, aber auch das Tote Meer

Salzwasser

Nr. 10: Dieses Wasser habe ich Ihnen als Überraschung mitgebracht. Es schmeckt süß und ist sehr wertvoll.

„Keine Ahnung.“

Es kommt aus Danzig.

Bei einigen kommt die Erinnerung: *Danziger Goldwasser*

Aus der Tasche hole ich dies Wunderstück und stelle es auf den Tisch. Alle sind begeistert und beeindruckt von den Goldbällchen, die da herumwirbeln.
Natürlich gibt es um diese Zeit noch keine Kostprobe des Likörs, ist aber auch gar nicht nötig, denn der Anblick alleine versetzt meine Gesellschaft schon ins Staunen.

Nr. 11: Wenn das Dach meines Hauses lichterloh brennt, was benötigt die Feuerwehr dann unbedingt?
Das wissen die meisten: *Löschwasser*

Nach all den interessanten Gesprächen nehme ich die 11 Karten wieder vom Tisch.

Frage: „Wissen Sie noch die 11 unterschiedlichen Wasserarten?“

„Nein!“

„Ich glaube, gemeinsam schaffen wir das.“

Mit kleinen Eselsbrücken klappt das auch. Es soll immer Spaß machen. Manchmal werden dann noch ganz andere Antworten gegeben, z.B.:

Mundwasser, Badewasser, Zuckerwasser. Das zeigt aber, dass mitgedacht wird.
Über jedes Lob freuen sich meine Mitspieler und es spornt sie enorm an.

In einer anderen Beschäftigungsstunde kann man das Thema „Wasser" weiterführen.
Z. B. : Redensarten über das Wasser oder auch Lieder.
Jeder kennt das Lied: *Wasser ist zum Waschen da ...*
Was auch gleich gesungen wird.
Oder: *Wenn das Wasser im Rhein goldner Wein wär ....*

Singen ist immer ein guter Einstieg!

Die Redensarten über „Wasser" sind wieder auf Karten geschrieben. Die Bewohner lieben diese „Überraschungskarten". Sie vermitteln immer eine gewisse Spannung.

Hier ein paar Vorschläge:

1. Der hat nahe am Wasser gebaut.

2. Jemand ist mit allen Wassern gewaschen.

3. Der kann mir das Wasser nicht reichen.

4. Jemanden über Wasser halten.

5. Der Plan ist ins Wasser gefallen.

6. Mir steht das Wasser bis zum Hals.

7. Mir läuft das Wasser im Mund zusammen.

8. Der kocht auch nur mit Wasser.

Es ist erstaunlich und interessant, wie manche Redensarten interpretiert werden.
Manche erzählen dazu eigene Erlebnisse, und das macht das Spiel immer abwechslungsreich.

Zum Beispiel Nr. 4:
Da erzählte eine Dame:
„Ich habe meiner kleinen Schwester das Schwimmen beigebracht, und dabei habe ich sie so festgehalten, dass sie nicht untergehen konnte."

Bei Nr. 7 brachte eine Dame das Beispiel:
„Bei meinem Hund konnte man das wirklich sehen. Immer wenn ich ein Leckerli in der Hand hatte, tropfte ihm das Wasser aus dem Maul."

Jeder darf dazu beitragen, dass es eine frohe, unbeschwerte und entspannte Stunde wird.

Es freut mich immer wieder, mit welcher Begeisterung die Bewohner zu den Beschäftigungsstunden kommen.

Wir feiern Geburtstag

Ganz egal, ob wir den 10., 20., 50. oder den 86. Geburtstag feiern, für den Betroffenen ist es immer ein ganz besonderer Tag. Vielleicht nur in seinen Gedanken:
Ich bin ich – einmalig – unverwechselbar.

Für junge Menschen ist das Feiern noch sehr wichtig. Da hat man noch Schwung, Elan und 1.000 Wünsche und Hoffnungen. Die Welt steht ihnen offen – und das ist schön!

Doch wenn man seinen Geburtstag in einem Alten- und Pflegeheim verbringt, dann werden die Ansprüche immer bescheidener. Trotzdem freuen sich die Bewohner, wenn der besondere Tag nicht vergessen und liebevoll gestaltet wird.

Hier ein kleines Beispiel, wie so ein Geburtstag vor kurzem abgelaufen ist:

Frau Huber (Name geändert) wurde so um 7.30 Uhr in den Frühstücksraum gebracht. Sie schaute müde aus und war noch gar nicht richtig wach. Aber man hatte ihr gesagt, dass sie heute Geburtstag habe. Ich hatte das Gefühl, dass ihr das in diesem Moment völlig egal war.

Etwas später gehe ich auf Frau Huber zu, gratuliere ihr zum 86. Geburtstag und wünsche ihr alles Gute (wie man das so macht).
Sie schaut mich erschrocken an und sagt: „Da muss ich aber meine Eltern einladen."
Es wäre lieblos gewesen, wenn ich ihr jetzt die Wahrheit gesagt hätte, dass ihre Mutter doch schon lange tot sei.
Darum antworte ich ihr: „Frau Huber, ich werde mich darum kümmern. Soll ich auch Ihren Sohn Markus anrufen?"
„Nein, der hat keine Zeit, der muss arbeiten!"
„Aber ich habe Zeit, Frau Huber, und all die Gäste hier auch. Wir werden uns einen gemütlichen Geburtstagsnachmittag machen."
Sie strahlt mich an.
Der Kaffeetisch ist schön gedeckt, und der Ehrenplatz ist mit ein paar Blümchen geschmückt.
Stolz und erwartungsvoll sitzt unser Geburtstagskind in der kleinen festlichen Runde.
Natürlich singen wir zuerst, und dann hat jeder Gast einen lieben Wunsch für Frau Huber in der Hand, z.B. Gesundheit – Humor – Freude – Zufriedenheit – liebe Freunde usw.
Frau Huber nimmt all die Wünsche fröhlich entgegen.
Man lässt sich Kaffee und Kuchen schmecken und wartet gespannt, was kommt.
Als Überraschung stelle ich einen kleinen Karton auf den Tisch.

Frage in die Runde: „Haben Sie eine Ahnung, was da drin ist?“
Spontane Antwort: „Ein Geschenk !?“
„Könnte sein, ist es aber nicht.“
Die Neugier ist geweckt.
„In dieser Schachtel habe ich Dinge gesammelt, die Frau Huber vor 86 Jahren gebraucht hat, als sie gerade auf die Welt kam. Was glauben Sie, kann das alles sein?“
Nach kurzer Überlegung ist klar: „ein Bettchen.“

Aus meiner Schachtel hole ich eine kleine Wiege heraus. Alle sind entzückt.
„Was braucht so ein Baby noch?“
Nach und nach kommen etliche Vorschläge.
Da ich gut vorbereitet bin, habe ich fast alles anzubieten: einen Schnuller, ein Milchfläschchen, einen Kinderwagen, Creme, eine Strampelhose, ein Lätzchen, Windeln und ein Kuscheltier.
Eine Dame meint: „Eine Kinderwaage gehört auch dazu, denn nach jedem Stillen muss das Baby gewogen werden.“
Viele stimmen ihr zu.
Mit einer Waage kann ich leider nicht dienen.
Alles wird bestaunt und angefasst.

Erinnerungen und Erlebnisse werden ausgetauscht. Die Stimmung ist einfach toll. Selbst die zwei Herren haben Interesse gezeigt.
„Ja, und jetzt ist Frau Huber 86 Jahre und denkt sicher an ihren Sohn Markus, als der so klein war.“
„Ach, das war ein so liebes Kind!“
Zur großen Freude kommt auch noch Frau Hubers Sohn zu Besuch. Mit einem Strauß Blumen steht er in der Tür und ist froh, dass seine Mutter so glücklich ist.
Einen schöneren Geburtstag konnte sich Frau Huber nicht wünschen.

Das kleine Kuscheltier habe ich unserem Geburtstagskind noch geschenkt. Sie hat es liebevoll in den Arm genommen.

Wir singen zum Ende der kleinen Feier noch ein Abschiedslied, das bei allen Teilnehmern sehr beliebt ist und entsprechend laut und deutlich vorgetragen wird.

Freu dich!

Freu dich über jede Stunde,
die du lebst auf dieser Welt.
Freu dich, wenn die Sonne aufgeht
und auch wenn der Regen fällt.
Du kannst atmen, du kannst fühlen,
du kannst neue Wege gehn.
Freu dich, dass dich andre brauchen
und dir in die Augen sehn.

Freue dich an jedem Morgen,
dass ein neuer Tag beginnt.
Freu dich an dem Sternenhimmel
und am kalten Winterwind.

Du kannst träumen, du kannst hoffen,
kannst so manches Schöne sehn.
Freu dich, dass die dunklen Wolken

irgendwann vorübergehn.

Freue dich an jedem Abend,
dass du ein Zuhause hast.
Freu dich an den stillen Stunden
und vergiss die laute Hast.

Du kannst ruhen, du kannst schlafen,
kannst den Mond am Himmel sehn.
Freu dich über jede Stunde,
denn das Leben ist so schön.

Nach diesem Geburtstagsständchen beschließen wir diesen feierlichen Tag, und jeder der Anwesenden geht beglückt und zufrieden auf sein Zimmer.

Die vielen Vorarbeiten haben sich in jeder Hinsicht gelohnt, und so denke ich noch gerne an eine Geburtstagsfeier der ganz besonderen Art zurück.

Ende gut – alles gut

Sprichwörter und Redensarten sind bei den Bewohnern sehr beliebt. Man kennt sie und redet über Sinn und Bedeutung. Daran können sich viele beteiligen, und es entsteht schnell eine entspannte Atmosphäre.

Einmal habe ich in die Runde gefragt:
„Sie kennen doch die Redensart: *Ende gut - alles gut.*
Stimmt diese Aussage?"

Man war sich einig, am Ende ist nicht immer alles gut.
Da musste ich ihnen auch recht geben. Aber vielleicht will dieses Sprichwort etwas ganz anderes aussagen.
Ich werde Ihnen ein Beispiel erzählen:

„Nehmen wir einmal an, Sie hatten einen wunderschönen Tag. Das Wetter war herrlich, lieber Besuch war da und hat Ihnen Ihre Lieblingspralinen mitgebracht. Sie konnten in den Garten gehen und alles war harmonisch. Aber am Abend kommt ihre Nachbarin, die Sie sowieso nicht leiden können, in Ihr Zimmer, nimmt ungefragt die mitgebrachten Pralinen weg und fängt mit Ihnen einen Streit an. Wie geht es Ihnen jetzt?"

Zwischenruf: „Unverschämt!"

Das Blatt hat sich gewendet.
Und was bleibt in Erinnerung? Der schöne Nachmittag oder der Streit mit der Nachbarin?

Auch da war man sich einig: Der Streit hat den ganzen Tag „versaut".

Jetzt nehmen wir einmal den umgekehrten Fall an:

„Der Tag fängt schon unangenehm an. Sie wollten gerne noch länger schlafen, aber die Schwester hat Sie so früh geweckt. Es regnet und Sie können nicht raus. Außerdem ist der ganze Vormittag langweilig. Niemand hat Zeit und keiner redet mit Ihnen. – Und dann kommt am Nachmittag unerwartet lieber Besuch aus Regensburg. Sie gehen zusammen ins Café, schauen Fotos von früher an und haben viele gute Gespräche.
Sie haben sich richtig gefreut und wohlgefühlt.
Wenn Sie dann abends im Bett liegen und über den Tag nachdenken, was bleibt da in Erinnerung?"

„Ja, natürlich der Besuch der alten Freundin !"

„Und jetzt kann man sagen: ***Ende gut – alles gut.***"

Abschlussgedanken

In all den Jahren meiner Tätigkeit mit Menschen im Alten- und Pflegeheim habe ich immer versucht, das Selbstbewusstsein meiner Schützlinge zu stärken. Sie sollen spüren, dass sie angenommen und akzeptiert werden.
Jeder hat ein langes Leben hinter sich, geprägt durch Höhen und Tiefen.
Ich wollte mit gutem Beispiel vorangehen, die Macken und Eigenheiten der verschiedenen Menschen zu tolerieren. Das ist nicht immer einfach, aber mit Geduld, Humor, Verständnis, Liebe und Gottes Hilfe ist der Umgang mit diesen Menschen eine wunderbare und segensreiche Arbeit.

Rosemarie Michel
(Februar 2020)

Ebenfalls erhältlich im Rediroma-Verlag:

Rosemarie Michel – **Mir liegt's auf der Zunge**
Fröhliche und unterhaltsame Spiele und Anregungen für Senioren und Pflegebedürftige mit eingeschränkten Fähigkeiten

ISBN 978-3-96103-421-5
12,95 Euro
204 Seiten

Mit diesem Buch möchte ich Anregungen und Hilfestellung geben, nicht nur für professionelle Betreuungskräfte, sondern auch für Verwandte und Freunde. Die verschiedenen vorgeschlagenen Spiele, die immer wieder großen Anklang gefunden haben und mit denen ich sehr gute Erfolge erzielen konnte, sollen eine Bereicherung für alle sein.
Wenn Sie bei der Umsetzung meiner Vorschläge eine Portion Liebe, Verständnis, Geduld und etwas Humor mitbringen, dürften auch Sie viele positive Erfahrungen machen. Dazu wünsche ich allen, die sich auf dieses Experiment einlassen, viel Erfolg!